Dieses Buch gehört

Pattloch Verlag, Augsburg
© Weltbild Verlag GmbH, 1990
Lied S. 8/9: © Annette Betz Verlag
im Verlag Carl Ueberreuter GmbH, Wien
Satz: Fotosatz Völkl, Germering
Gesamtherstellung: Appl, Wemding
ISBN: 3-629-00032-0

Ich habe Geburtstag

herausgegeben von Jörg Müller
und gemalt von Renate Sandvoß

Der Tag, an dem du geboren wurdest

Jedes Jahr wird er gefeiert, der Tag deiner Geburt. Aber wie war es eigentlich damals, als du auf die Welt kamst? Deine Eltern werden sich bestimmt noch daran erinnern. Sie werden dir helfen, die freien Stellen mit den punktierten Linien auszufüllen. Und bestimmt geben sie dir auch zwei Fotos, die du hier einkleben kannst.

Platz für dein Babyfoto

Geboren wurde ich in
.... Der Wochentag, an dem ich geboren wurde, war ein
.... Die Zeiger der Uhren standen auf ....
Ich war .... cm groß und .... Gramm schwer.
Mein Kopfumfang war .... cm.

Getauft wurde ich am ....
von Pfarrer ....
in der Kirche ....
Meine Paten sind ....
....

Meine liebsten Spielzeuge als Baby
waren ....
.... Ich habe sie geschenkt
bekommen von ....
Meinen ersten Zahn bekam ich .... Meine ersten
Schritte machte ich .... Die ersten Worte, die ich
sprechen konnte, waren ....
.... Meine ersten Freunde
hießen .... Mein
Lieblingsessen als Baby war ....
Dieses Buch habe ich zu meinem
.... Geburtstag bekommen. Und
heute sehe ich so aus wie auf dem
Foto, das ich hier eingeklebt habe.

Platz für
dein Bild
von heute

Wir feiern ein ganz besonderes Fest

Warum es ausgerechnet dieser Tag war, an dem du auf die Welt gekommen bist, das wissen wir nicht. Aber daß er seither dein Geburtstag ist, das ist ganz klar. Und daß du etwas ganz Einmaliges und Besonderes bist, das weißt du auch. Denn viele Menschen wurden am selben Tag geboren. Aber niemand sieht so aus wie du, niemand denkt und fühlt so. Irgendwie hat sich der liebe Gott das schon gut ausgedacht, meinst du nicht auch?
Jetzt hast du bald Geburtstag. Das ist dein Tag. Und es soll ein ganz besonderes Fest werden. Denn bestimmt möchtest du viele Freunde einladen. Alle sollen mit dir feiern, spielen und fröhlich sein.
Die Einladungskarten müssen jetzt gebastelt und verschickt werden, damit alle wissen, daß du an diesem besonderen Tag nicht alleine sein möchtest. Du willst

diese riesige Freude mit vielen lieben Menschen teilen. Wir müssen Kuchen backen, zum Einkaufen gehen, Spiele vorbereiten, den Tisch schmücken und, und, und ... Am besten fangen wir gleich mit den Vorbereitungen an.

Laßt uns fröhlich sein und singen

Wenn ein Kind Geburtstag hat

Text: James Krüss
Melodie: Karl Heinz Taubert

Wenn ein Kind Ge-burts-tag hat, gibt es

leck-ren Ku-chen, und wer da-rauf

Hun-ger hat, darf ein Stück ver-su-chen.

Wenn ein Kind Geburtstag hat,
wünscht man ihm das Beste.
Und weil es Geburtstag hat,
kommen viele Gäste.

Wenn ein Kind Geburtstag hat,
kriegt es Saft mit Selter.
Und weil es Geburtstag hat,
ist es ein Jahr älter.

Wir basteln lustige Einladungen

Weil unsere Geburtstagsfeier ein ganz besonderes Fest werden soll, wollen wir auch ganz besondere Einladungen basteln. Eine Sache jedoch dürfen wir bei all diesen Vorschlägen nicht vergessen: Wir wollen alle Gäste darum bitten, ein kleines Foto von sich mitzubringen. Wofür wir dieses Bild brauchen, steht auf Seite 38.

Eine hübsche Idee ist es, jede Einladung in einem Überraschungsbonbon zu verpacken. Wir brauchen dafür Papprollen (z. B. von Küchenpapier), Bastelkrepp, Klebefilm und Wollfäden. Die fertig geschriebene Einladung rollen wir und binden sie mit einem Faden zusammen. Dann schieben wir sie in die Papprolle. Dazu können wir Süßigkeiten, Papierschlangen, Luftballons und Konfettischnipsel legen. Dann wickeln wir die Papprolle mit Bastelkrepp ein. An den Enden soll er jeweils zehn Zentimeter überstehen. Den Bastelkrepp befestigen wir mit einem Klebestreifen, die überstehenden Enden binden wir mit Wollfäden zu.

Ganz geheimnisvoll ist es, die Einladung in einen Luftballon zu verpacken. Sie muß aber unbedingt mit

wasserfester Tinte, Bunt- oder Bleistift geschrieben
sein, sonst ist sie hinterher nicht mehr zu lesen.
Außerdem müssen wir sie so einrollen, daß sie nicht
dicker als ein Bleistift ist. Dann können wir sie mit
einem Wollfaden zusammenbinden und in einen noch nicht
aufgeblasenen Luftballon schieben, den wir anschließend
aufpusten. Wir knoten ihn zu und binden an das Mundstück
eine Schleife mit einem Zettel. Darauf schreiben wir,
daß im Luftballon eine Überraschung steckt. Das ist dann
wirklich eine Einladung mit Knalleffekt. Denn wer sie
lesen will, muß den Luftballon platzen lassen.
Wir können aber auch Einladungen verschicken, die wir
bei der Geburtstagsfeier für ein lustiges Spiel
brauchen. Also schneiden wir aus einem Stück
Bastelkarton die Umrisse von einem kleinen Schweinchen
mit einem viel zu großen Ringelschwanz aus. Darauf
schreiben wir unsere ganze Einladung. Außerdem könnt ihr
ja schon mal verraten, daß wir diese Einladung unbedingt
für ein lustiges Spiel brauchen und sie deshalb
mitgebracht werden muß. Und wenn ihr neugierig seid, was

das für ein Spiel ist – auf Seite 21 in diesem Buch wird es verraten.

Aus unserer Einladung können wir auch ein Suchspiel machen. Wir malen ein kleines Bild, zum Beispiel ein Auto, einen Ball, ein Haus, einen Baum, eine Eisenbahn oder etwas anderes. Dieses Bild schneiden wir in der Mitte durch. Eine Hälfte legen wir zu der Einladung. Diese Hälfte soll unser Gast mitbringen. Die andere Hälfte kleben wir auf eine Tischkarte. Und wenn alle Gäste gekommen sind, beginnt das große Plätzesuchen. Jeder muß die andere Hälfte mit dem Bild finden, das bei seiner Einladung lag.

Auch als Puzzlespiel können wir die Einladung verschicken. Wir beschreiben und bemalen ein Stück Bastelkarton. Dann schneiden wir ihn in Wellenlinien so durch, daß zwölf gleich große Teile entstehen. Die werden im Umschlag verschickt. Es sollten aber nicht mehr als zwölf Teile sein. Sonst wird das Zusammensetzen zu schwierig. Und es wäre ja schlimm, wenn unsere Gäste damit nicht bis zum Geburtstag fertig werden ...

Backe, backe Kuchen – hier wollen wir's versuchen

Zwei ganz tolle Geburtstagstorten, einen geheimnisvollen Pudding und bunt verzierte Kekse für ein fröhliches Spiel – alles das können wir selber machen. Und wenn uns die Eltern dabei helfen, gelingt's noch mal so gut.
Für eine Wackelpudding-Torte brauchen wir 5 Wiener Tortenböden (fertig gekauft oder von Mama gebacken), Wackelpudding (gekocht von 600 ml Wasser oder fertig gekauft, 5 Becher à 125 g), ein Paket Zitronen-Dessertcreme (für einen halben Liter Flüssigkeit), 400 ml süße Sahne, 2 Päckchen Sahnesteif.
Den ersten Wiener Boden auf einen Tortenteller legen und zwei Drittel vom Wackelpudding darauf verteilen. Den zweiten Boden auflegen, mit zwei Dritteln der Zitronencreme bestreichen. Dann den dritten Boden auflegen. Darauf den Rest vom Wackelpudding so

verteilen, daß ringsherum ein etwa 3 cm breiter Rand frei bleibt. Bei den beiden noch nicht verarbeiteten Tortenböden ringsum einen ebenfalls 3 cm breiten Rand abschneiden. Mit einem dieser kleinen Böden decken wir die letzte Schicht Wackelpudding ab. Jetzt die restliche Zitronencreme auftragen und den zweiten kleinen Boden als Deckel drauflegen. Die Sahne steif schlagen (Sahnesteif hinzugeben), und die ganze Torte damit abstreichen. An den Seitenrändern etwas dicker, damit Pudding und Creme nicht durchschimmern. Zum Schluß wird die Torte mit bunten Zuckerperlen oder Schokolinsen, Zucker-Schaumküssen, Gummibärchen, Geleefrüchten, Schoko- oder Zuckerstreuseln und Kerzen geschmückt. Das fertige Kunstwerk sofort in den Kühlschrank stellen. Dort hält es bis zum nächsten Tag.

Eine andere leckere Torte wird mit 40 kleinen Negerküssen (Waffeln abheben, kleinbrechen und mit der Negerkußmasse zu einer Creme verrühren) sowie Mousse au Chocolat (500 g selbst angerührt oder fertig aus dem Becher) gemacht. Eigentlich geht alles genau wie bei der Wackelpudding-Torte, nur daß jetzt statt Wackelpudding die Negerkußmasse und statt Zitronencreme die Mousse au Chocolat auf die Böden kommen. Auch diese Torte bekommt hinterher einen Sahnemantel und wird toll verziert. Besonders schick ist es, wenn wir die Oberseite unserer Geburtstagstorten nicht mit Sahne, sondern mit Fondant-Glasur (gibt es in der Tube zu kaufen) bestreichen.

Um den geheimnisvollen Pudding zu machen, kochen wir gleich noch etwas mehr Wackelpudding, für jedes Kind ein kleines Schüsselchen voll. Bevor der Pudding ganz fest wird, legen wir in jede Schüssel fünf Gummibärchen. Nach dem Abkühlen kommt Schlagsahne auf den Pudding. Und bei der Feier machen wir ein Wettspiel: Wer findet beim Essen in seiner Schüssel zuerst die fünf Bären?

Für ein anderes Spiel brauchen wir 50 fertig gekaufte runde Mürbeteigkekse. In die Mitte der Kekse kommt ein kleiner Klecks bunter Zuckerguß (Puderzucker und warmes Wasser als Brei anrühren, dem Wasser einen Spritzer Lebensmittelfarbe zugeben). Jeweils zehn Kekse sollen einen gleichfarbigen Klecks bekommen, der dann sehr gut trocknen muß. Und wenn ihr wissen wollt, wie dieses Spiel geht, dann schlagt doch einfach mal die Seite 28 auf.

Wir schmücken den Tisch und basteln für Spiele

Für Namensschildchen falten wir ein Stück Papier und malen ein Haus so darauf, daß die Falzkante vom Papier der Dachfirst ist. Das doppelt gelegte Papier entlang der Umrisse und auch die Fenster ausschneiden. Aufs Dach schreiben wir den Namen des Gastes – fertig!
Wir können auch Namensschilder zum Aufessen basteln, mit zwei rechteckigen Butterkeksen. Einer dient als Grundplatte, den anderen brechen wir in der Mitte durch. Diese Hälften stellen wir wie ein Zelt auf die Grundplatte und kleben sie mit Zuckerguß (Puderzucker und Wasser zu Brei verrühren) fest. Mit Zuckerschrift (aus der Tube) kann auf eine Zeltseite der Name des Gastes geschrieben werden. Das Zelt kann mit bunten Schokolinsen oder Zuckerperlen beklebt werden (mit Zuckerguß). Und vors Zelt kleben wir ein Gummibärchen.

Für den Tischschmuck falten wir einen Streifen Ton- oder Glanzpapier wie eine Ziehharmonika, zeichnen einen halben Mann mit Hut und eine halbe Frau darauf (wie auf dem Bild oben). Wenn wir die Umrisse ausschneiden, ist die lustige Männchen-Kette fertig. Wir können auch Tischdekorationen aus Apfelsinen basteln, denen wir mit Filzstift Gesichter aufmalen, Füße, Ohren oder Mützen aus Papier und Wolle als Haare ankleben.

Um ein Fangspiel zu basteln, brauchen wir einen Joghurtbecher, 50 cm Bindfaden, Klebeband und eine durchgebohrte Holzperle. Die knoten wir an ein Ende des Bindfadens, das andere befestigen wir mit Klebeband außen am Becherboden. Beim Spiel muß die unter dem Becher hängende Perle durch geschickten Schwung in den Becher geschleudert werden. Der Becher geht reihum, jeder Spieler hat fünf Versuche. Wer die Perle am häufigsten fängt, hat gewonnen.

Klebeband brauchen wir auch für ein weiteres Spiel, außerdem pro Kind einen Bleistift, einen 1 m langen Wollfaden und eine leere Streichholzschachtel.

Das eine Ende des Fadens kleben wir am Bleistift fest, das andere unter die Streichholzschachtel. Jetzt können wir ein Schneckenrennen starten. Alle Kinder stellen sich nebeneinander an den Tisch. Jeder hält zwischen den Fingerspitzen seinen Bleistift, alle Fäden zu den in einer Reihe liegenden Streichholzschachteln sind straff gespannt. Dann drehen alle ihren Bleistift so zwischen den Fingern, daß sich der Faden um den Stift wickelt. Wer auf diese Weise seine Schachtel bis an den Bleistift herangeholt hat, ist Sieger.

Für ein drittes Spiel malen wir ein großes Schweinchen auf ein Stück dicke Pappe. Außerdem schneiden wir für jedes Kind ein Ringelschwänzchen aus Papier. Durch ein Ende von jedem Schwänzchen wird eine Reißzwecke gesteckt. Beim Spiel müssen alle Kinder nacheinander mit verbundenen Augen einen Schwanz an dem großen Schweinchen feststecken. Dabei dürfen die anderen durch Zurufe helfen oder Verwirrung stiften. Wer der richtigen Stelle für den Schwanz am nächsten gekommen ist, hat dieses Spiel gewonnen.

Die Geschichte vom vergessenen Geburtstag

Ein Sonnenstrahl fiel durch die Gardine und kitzelte Olivers Nase. Davon wachte er auf. Verschlafen rieb er sich die Augen und gähnte. Aber als er gerade den Mund ganz weit auf hatte, fiel ihm etwas sehr Wichtiges ein. So wichtig, daß er fast vergaß, den Mund wieder zuzumachen: Heute hatte er doch Geburtstag!
Er hielt den Atem an und lauschte. Waren da nicht Geräusche? Sonst waren Mama und Papa doch immer zu ihm ins Zimmer gekommen. Mit dem Geburtstagskuchen und der Kerze hatten sie ihm dann zu seinem großen Fest gratuliert. Er lauschte noch einmal. Aber da war nichts. Keine Schritte auf der Treppe, kein leises Geflüster vor der Zimmertür. Komisch, dachte Oliver.
Er blieb einen Moment im Bett liegen. Aber es passierte nichts. Schließlich hielt er es vor Neugier

nicht mehr aus. Er schlüpfte in seine Schuhe, schlich
auf Zehenspitzen aus dem Zimmer und die Treppe hinunter.
Im Vorbeigehen warf er einen Blick ins Wohnzimmer. Dort
lagen immer die Geschenke. Aber der Tisch war leer.
Komisch, dachte Oliver.
Er schlich weiter und blieb vor der Küchentür stehen.
Vielleicht hatten Mama und Papa noch etwas

vorzubereiten? Er lauschte, denn er hörte ihre Stimmen.
Aber sie sprachen gar nicht von seinem Geburtstag. Mama
erzählte, was sie für das Abendessen besorgen wollte.
Überhaupt kein Wort sprachen sie von seinem Geburtstag.
Komisch, dachte Oliver.
Er holte tief Luft und öffnete die Küchentür. Mama sah
ihn sofort. »Hallo Oliver«, sagte sie. »Du bist ja heute
sehr früh aufgestanden.« Sie ging auf ihn zu und gab ihm
einen Kuß. Auch Papa gab ihm einen Kuß und wünschte ihm
einen guten Morgen. Mama stellte für Oliver einen Teller
auf den Tisch und goß Milch in seinen Becher. Papa griff
nach seiner Tasche und machte sich auf den Weg zur
Arbeit. Komisch, dachte Oliver.
Und auf einmal wurde er ganz traurig. Sie hatten seinen
Geburtstag vergessen. Ganz bestimmt.
Als Mama die Küche verlassen hatte, um nach der Wäsche
zu sehen, schlich er wieder in sein Zimmer zurück. Weil
er so traurig war, krabbelte er wieder in sein Bett und
zog sich die Decke bis hoch über beide Ohren.
»Herzlichen Glückwunsch, Oliver, und alles Gute zum

Geburtstag.« Was waren das für Stimmen? Oliver rieb sich die Augen. War er wieder eingeschlafen? Mama und Papa standen vor seinem Bett, mit dem Geburtstagskuchen und einer Kerze. Und jetzt begriff Oliver, was geschehen war. Der vergessene Geburtstag, den hatte er nur geträumt. Und jetzt war wirklich sein Geburtstag.
Wie glücklich war er, als Mama ihn in die Arme nahm und ganz fest an sich drückte.
Komisch, dachte Oliver. Da hatte er doch tatsächlich geträumt, Mama und Papa könnten seinen Geburtstag vergessen. Aber natürlich tun Eltern das nie. Und es wurde ein ganz tolles Fest für Oliver.

Ein Lied zum Spielen

Wer hat das Ringlein?

Ring-lein, Ring-lein, du mußt wan-dern, von der

ei - nen Hand zur an-dern. Oh wie fein, oh wie

schön, Ring-lein laß dich nur nicht sehn.

Wir stellen Stühle im Kreis auf, einen weniger, als Kinder mitmachen. Ein Kind steht im Kreis. Die anderen sitzen und singen das Lied. Dabei wird ein in den Händen verborgener Ring von einem zum anderen gegeben – aber ganz heimlich. Wir dürfen den Ring auch in der Hand behalten. Aber dann wird trotzdem so getan, als würde er weitergegeben. Denn wenn das Lied zu Ende ist, muß das Kind in der Mitte raten, wer den Ring hat. Für's richtige Raten gibt es einen Preis. Das Kind, bei dem der Ring gefunden wurde, geht als nächstes in den Kreis.

Tisch frei, jetzt wollen wir spielen

Für unser erstes Spiel, das *Kekse-Lotto,* brauchen wir die Zuckerguß-Plätzchen, die wir auf Seite 15 gemacht haben. Legt sie mit dem Zucker nach unten auf den Tisch, aber nicht alle gleichfarbigen nebeneinander. Das erste Kind dreht zwei Kekse herum. Hat ihr Zuckerguß dieselbe Farbe, darf es die beiden Kekse behalten. Bei unterschiedlichen Farben werden die Kekse wieder zurückgelegt, und das nächste Kind versucht sein Glück. So geht es reihum, bis alle Kekse verteilt sind.
Beim Spiel *Feuerkekse* werden fünf verschiedenfarbige Kekse mit dem Zuckerguß nach oben auf den Tisch gelegt. Ein Kind wird hinausgeschickt. Die anderen denken sich aus, welcher der Feuerkeks sein soll. Das Kind kommt wieder herein und darf jetzt einen Keks nach dem anderen wegnehmen und behalten. Wenn es aber den Feuerkeks

nehmen will, schreien alle »heiß, heiß«. Dann kommt das nächste Kind an die Reihe.
Alle Vögel fliegen hoch heißt ein Spiel, das schon sehr alt ist, aber ganz viel Spaß macht. Wir sitzen alle am Tisch, einer ist der Spielleiter. Er ruft nun »Alle Vögel fliegen hoch« und nimmt dabei die Arme hoch. Alle Kinder müssen es nachmachen. Auch bei Bienen, Schmetterlingen, Wolken, Flugzeugen, Fliegen, Sternen oder Drachen werden die Arme hochgenommen. Aber der Spielleiter darf auch rufen: »Alle Elefanten fliegen hoch.« Und da müssen die Arme natürlich auf dem Tisch bleiben. Genauso, wenn er plötzlich Autos, Fahrräder, Häuser, Teddybären oder Lehrer fliegen lassen will. Wer nicht aufpaßt und die Arme falsch hochnimmt, muß ein Lied vorsingen oder ein Pfand abgeben.
Aufpassen müssen wir auch beim *Reporterspiel.* Wir losen aus, wer anfangen soll. Diesem Kind werden jetzt von allen anderen Fragen gestellt, die es beantworten muß, ohne »ja« und »nein«, »schwarz« oder »weiß« zu sagen. Verplappert sich der Gefragte, kommt das nächste Kind an

die Reihe. Wer die meisten Fragen ohne die verbotenen Wörter beantwortet, hat gewonnen.

Beim Wortspiel *Kauderwelsch* wird ein Kind vor die Tür geschickt, die anderen denken sich einen Begriff aus, z. B. »Schule«. Wenn das Kind wieder am Tisch sitzt, müssen die anderen den gesuchten Begriff erklären. Statt des Wortes wird dann immer »Kauderwelsch« gesagt, zum

Beispiel »Ich gehe jeden Tag zur Kauderwelsch«. Ist der Begriff geraten, kommt das nächste Kind an die Reihe.
Für das *Schnelldenker-Spiel* muß das erste Kind ein Wort sagen, zum Beispiel »Baum«. Das neben ihm sitzende muß einen dazugehörigen Begriff nennen, zum Beispiel Ast. Unterdessen zählen alle anderen Kinder laut bis drei. Soviel Zeit bleibt zum Überlegen. Hat der Schnelldenker einen Begriff gefunden, darf er das nächste Wort sagen, zu dem sein Nachbar einen passenden Begriff suchen muß. Beispiele gibt es genug: Haus – Tür, Auto – Steuer, Hund – Leine, Schule – Lehrer, Geburtstag – Kerze.
Für ein *Würfelspiel* brauchen wir eine verpackte Tafel Schokolade, dick in Zeitungspapier gewickelt. Außerdem benötigen wir Messer, Gabel und einen Würfel. Damit wird reihum gewürfelt. Wer zuerst eine Sechs wirft, darf beginnen, die Schokolade mit Messer und Gabel auszupacken. Aber nur so lange, bis der nächste eine Sechs würfelt. Dieses Kind ist jetzt mit dem Auswickeln an der Reihe. Und wenn die Tafel ganz ausgepackt ist, dann essen wir sie alle gemeinsam auf!

Wir basteln Puppen, mit denen wir sofort spielen können

Auf einer fröhlichen Geburtstagsfeier muß man auch mal für einen Augenblick verschnaufen. Also: Laßt uns doch mal fünf Minuten Pause machen. Da können wir nämlich lustige Puppen basteln und hinterher sofort mit ihnen spielen.
Für die Puppen brauchen wir neue Holz-Kochlöffel, Bunt- oder Filzstifte, einen Alleskleber-Stift, Stoffreste (etwa 20 × 20 cm groß), Wollfäden und farbigen Bastelkarton. Zuerst malen wir ein fröhliches Gesicht auf die nach außen gewölbte Seite des Löffels. Dann legen wir einen Stoffrest um den Löffelstiel, raffen ihn oben so zusammen, daß der offene Schlitz hinten sitzt und binden ihn mit einem Faden fest. Aus Bastelkarton ausgeschnittene Hüte, Mützen, Ohren oder Wollfäden werden als Haare oder Bärte auf den Kopf geklebt.

Beim Spielen den Holzstab so anfassen, daß die Hand unter dem Stoff verschwindet. Besonders viel Spaß macht es, wenn wir uns alle gemeinsam ein Puppenspiel ausdenken. Und abends darf jedes Kind seine selbstgebastelte Puppe mit nach Hause nehmen.

Kommt in den Kreis,
wir spielen weiter

Der zerstreute Arzt heißt ein lustiges Spiel, zu dem wir uns im Kreis aufstellen. Ein Kind steht in der Mitte und sagt zum Beispiel: »Meine Nase juckt.« Dabei zeigt es auf seine Nase oder auf einen falschen Körperteil, zum Beispiel den Fuß. Die anderen Kinder sind die Ärzte. Sie müssen wiederholen und nachmachen, was das erste Kind tut. Wer einen Fehler macht, scheidet aus. Ganz schnell muß sich der Patient neue Sachen ausdenken: Augen sagen – und auf die Ohren zeigen, Hand sagen – und wirklich auf die Hand zeigen, Mund sagen – und sich ans Knie fassen. Je mehr es durcheinander geht, desto eher machen die Ärzte einen Fehler.

Für *Spitz, paß auf* werden einem Kind die Augen verbunden, alle anderen sitzen im Kreis. Der Spitz mit den verbundenen Augen hockt sich in die Mitte. Auf seinen

Rücken wird ein Bonbon gelegt. Dann krabbelt er auf allen vieren im Kreis herum, und ein Kind nimmt ihm das Bonbon weg. Darauf rufen alle laut: »Spitz, paß auf, dein Knochen ist weg!« Der Spitz nimmt sich die Augenbinde ab, setzt sich vor das Kind, von dem er meint, daß es den Knochen hat, und bellt es an. Darauf muß es seine Hände vorzeigen. Ist das Bonbon darin, darf der Spitz es behalten. Das ertappte Kind spielt in der nächsten Runde den Spitz.

Für das *Kellner-Spiel* brauchen wir ein kleines Tablett und 15 große, kleine, runde und dreieckige Bauklötze. Mit der einen Hand wird das Tablett gehalten, mit der anderen müssen die Bauklötze darauf zu einem Turm gestapelt werden. Wer die meisten Bauklötze stapelt, ohne daß der Turm kippt, bekommt einen Preis.

Beim *Flohspiel* werden zwei Kindern die Augen verbunden und bei jedem Kind fünf Wäscheklammern irgendwo an der Kleidung befestigt. Beide müssen jetzt beim jeweils anderen die Flöhe, also die Klammern, finden und abnehmen. Wer sie als erster hat, wird belohnt.

Ein Lied zum Singen und Spielen

Mein Hut, der hat drei Ecken

Mein Hut, der hat drei Ek-ken, drei Ek-ken hat mein Hut. Und hätt' er nicht drei Ek-ken, so wär es nicht mein Hut.

Zur Melodie vom Lied mit dem Hut wollen wir jetzt ein Singspiel machen. Jeder denkt sich selbst eine neue Strophe zu diesem Lied aus und singt sie den anderen vor:

Mein Hund, der hat vier Beine...
Mein Rad, das hat 'ne Klingel...
Mein Boot, das hat ein Segel....
Mein Haus, das hat 'ne Treppe...

Man darf sich aber auch Quatsch ausdenken:
Mein Schwein, das hat ein Fahrrad..
Mein Kopf, der hat drei Nasen..
Mein Hund, der hat 'ne Brille...
Mein Pferd, das hat 'ne Mütze...

Reihum wird jetzt gesungen. Und wem bis zuletzt etwas einfällt, der hat gewonnen.

Zur Erinnerung an einen ganz tollen Geburtstag

Auf diesen Seiten wollen wir eintragen, was an diesem Tag so alles passiert ist. Bestimmt helfen Mama, Papa oder die Großeltern dabei. Und wenn du umblätterst, kommt ein Gästebuch. Dort kannst du die Fotos, die deine Gäste mitbringen sollten, als Köpfe auf die gemalten Figuren kleben. Wer kein Bild hat, darf seinen Fingerabdruck in einen Luftballon machen (Finger vorher in ein feuchtes Tusche-Farbnäpfchen drücken).

Am . . . . . . habe ich meinen
. . . . . Geburtstag gefeiert. Ich bin morgens um . . . . . . Uhr aufgestanden. Das Wetter an diesem Tag war . . . .
Als erste Gratulanten kamen . . . .
Am Vormittag habe ich . . . .

Zum Mittagessen gab es . . . .
Nachmittags bekam ich Besuch von . . . .
. . . .
Als Geschenke bekam ich . . . .
. . . .
Die größte Überraschung an diesem Tag war . . . .
. . . .
Das schönste Lied, das wir gesungen haben, heißt . . . . . .

Und das lustigste Spiel war
. . . .
Am meisten gelacht haben
wir, als . . . .
. . . .
Die Feier ist um . . . . . Uhr
zu Ende gewesen. Abends
bin ich um . . . . . Uhr ins Bett
gegangen. Und meine größte
Freude an diesem Tag war

. . . .

*Platz für ein Foto
von deiner Feier*

Die Prinzessin, die immer Geburtstag haben wollte

Es waren einmal ein König und eine Königin. Sie waren geachtet und beliebt in ihrem Reich, denn sie waren gerecht gegenüber jedermann. Ihrem Volk mangelte es an nichts. Der ganze Stolz des Königspaares aber war sein Töchterchen. Denn obwohl sie erst sieben Jahre alt war, lobten die Bediensteten am Hofe die kleine Prinzessin, weil sie ein so gutes Herz hatte. Wann immer sie Zeit fand, ging sie durch die Straßen des Königreichs und nahm sich herrenloser Tiere an, die der Hunger quälte oder die krank waren.

Eines Tages nun bereitete sich das ganze Königreich auf ein großes Fest vor. Die kleine Prinzessin sollte ihren achten Geburtstag feiern. Und alle Bewohner des Landes waren vom König und der Königin eingeladen.
Als der große Tag gekommen war, da gab es für jung und

alt, groß und klein ein Geburtstagsfest, wie man es noch nie zuvor erlebt hatte. Überall im Lande tanzten die Leute auf den Straßen. In der Palastküche wurden die schönsten Kuchen und leckersten Speisen zubereitet und sogleich an jedermann verteilt. Die Prinzessin aber fuhr mit ihren Eltern in einer goldenen Kutsche durch das Land. Der König und die Königin konnten sich nicht erinnern, ihre kleine Tochter jemals so glücklich gesehen zu haben.

Am nächsten Morgen jedoch saß die Prinzessin traurig und niedergeschlagen in ihrem Zimmer. Deshalb waren ihre Eltern besorgt und fragten, was ihr denn das Herz so schwer mache.

»Ach, es war ein so herrlicher Tag gestern. Und heute ist alles vorbei. Ein Jahr muß ich jetzt warten, bis wir wieder einen so schönen Geburtstag feiern können. Deshalb bin ich traurig. Wie schön wäre es doch, wenn ich jeden Tag Geburtstag feiern könnte.«

Auch am nächsten Tag und am übernächsten blieb die Prinzessin niedergeschlagen. Dann mochte sie vor Kummer

nichts mehr essen und nichts mehr trinken. Nicht einmal nach ihren geliebten Tieren mochte die Königstochter schauen. Selbst der Hofarzt konnte ihr nicht helfen. Als er in ihr Zimmer kam, schickte sie ihn einfach weg. »Ich will keine Medizin«, sagte die Prinzessin. »Aber ich möchte so gern Geburtstag feiern.«
Schließlich hatte der König ein Einsehen und rief seine Tochter zu sich. »Wenn wirklich dein ganzes Glück davon abhängt, so soll dein Wunsch in Erfüllung gehen. Wir werden nun jeden Tag deinen Geburtstag feiern, überall im Land. So groß, so bunt, so fröhlich und so schön wie beim letztenmal.«
Fortan geschah es, wie der König es gesagt hatte. Jeden Tag wurde Geburtstag gefeiert, auf allen Straßen und Plätzen. Überall im Land tanzten die Menschen, waren fröhlich und erfreuten sich der Leckereien, die der König aus der Küche seines Palastes heranschaffen ließ. Und die Prinzessin genoß es, an jedem Morgen Geschenke zu bekommen und sich die Geburtstagsfeiern aus der goldenen Kutsche heraus anzuschauen.

Es waren viele Monate vergangen, da spürten der König
und die Königin, daß ihre Tochter immer nachdenklicher
wurde. Schließlich faßte sich die Prinzessin ein Herz
und stellte die Frage, die sie so lange schon bewegte:
»Vater, wann habe ich eigentlich Geburtstag?«
Da stutzte der König und sah die Prinzessin ernst an.
»Heute hast du Geburtstag, mein Kind. Genau wie gestern
und vorgestern oder wie morgen und übermorgen.«
»Nein Vater, diese Geburtstage meine ich nicht. Ich
meine meinen richtigen Geburtstag.«
Der König zögerte, ehe er seiner Tochter die Antwort
gab: »Vorgestern war dein richtiger Geburtstag.«
Da war die Prinzessin erstaunt und wurde sehr still.
Einen ganzen Tag und eine ganze Nacht saß sie in ihrem
Zimmer und dachte nach. Am nächsten Morgen dann ging
sie zu ihren Eltern.
»Ich danke euch dafür, daß wir jeden Tag meinen
Geburtstag gefeiert haben. Aber ich glaube nicht, daß es
richtig ist. Denn der Geburtstag soll doch etwas ganz
Besonderes sein, etwas, worauf man sich schon lange

vorher freut. Ich aber kann das gar nicht mehr, weil wir jeden Tag feiern und ich darüber sogar meinen richtigen Geburtstag vergessen habe. Deshalb möchte ich künftig wieder nur einen Geburtstag im Jahr feiern.«
Und so geschah es. Von nun an wurde nur noch einmal im Jahr der Geburtstag der Prinzessin gefeiert. Sie konnte sich wieder lange vorher auf diesen einen besonderen Tag freuen und anschließend noch lange daran zurückdenken. So, wie es wohl alle Kinder auf dieser Welt tun.